Orbis

Wahrzeichen und Denkmäler in Deutschland

Bauwerke, Mahnmale und Monumente aus alter und neuer Zeit

National symbols and monuments in Germany

Symboles et monuments nationales en Allemagne

Orbis Verlag

Abbildungen: Manfred Braunger, Freiburg 10/11; Germanisches Museum, Köln 16; Barbara v. Girard, München 122; Harksheider Verlagsgesellschaft, Norderstedt 124/125; IFA-Bilderteam, Taufkirchen 36/37 (Frima), 52 (Everts), 61 (Poguntke), 106/107 (Gottschalk); Jürgen Karpinski, Dresden 52/53; Rainer Kiedrowski, Ratingen 1, 13, 24, 25, 40/41, 44, 45, 69, 74/75 (N. Koshofer), 76/77 (N. Koshofer), 80, 80/81 (G. Koshofer), 84 (N. Koshofer), 87 (G. Koshofer), 94, 98, 100/101, 104/105 (N. Koshofer), 105 (N. Koshofer), 110 (N. Koshofer), 110/111 (N. Koshofer), 116, 117, 121, 123, 126/127, 128; Waltraud Klammet, Ohlstadt 18/19, 54/55; Lehnartz-Fotografie, Berlin 49; Mainbild, Frankfurt 22/23 (Poguntke), 26 (Poguntke), 32 (Schindler), 60 (Lorenz), 74 (Waldkirch), 98/99 (Janicek), 125 (Janicek); Mauritius, Mittenwald 12/13 (Vidler), 28/29 (Elsen), 30/31 (Gontscharoff), 31 (Vidler), 32/33 (E. Gebhardt), 35 (Hubatka), 38 (Otto), 39 (fm), 41 (Rossenbach), 42 (Otto), 47 (Thonig), 50/51 (Waldkirch), 57 (Otto), 62 (Pit), 66 (Rossenbach), 66/67 (J. Thomas), 72 (Rossenbach), 73 (Mollenhauer), 79 (Elsen), 90 (Vidler), 91 (Otto), 94/95 (Rossenbach), 97 (Messerschmidt), 114/115 (Gierth), 120/121 (Mollenhauer), 126 (Mehlig); Susanne Meyer-Büser, München 82/83, 100; Werner Neumeister, München 9, 17, 21, 27, 42/43, 48, 58, 59, 62/63, 64, 65, 70/71, 71, 83, 102, 103, 109, 113, 114; Erhard Pansegrau, Berlin 88, 92/93, 93; Lutz Pape, Braunschweig 112; Photo-Press, Taufkirchen 84/85 (Schweitzer), 89; Thyssen AG, Düsseldorf 106; Wolfgang Willner, Moosburg 14, 15; ZEFA, Düsseldorf 28 (Eugen), 119 (Kotoh)
Umschlagfotos: Goethe-Schiller-Denkmal in Weimar (Hans-Horst Skupy, Wessling) und Köln, nächtlicher Blick über den Rhein, Kirche Groß St. Martin (links) und Kölner Dom (Bavaria Bildagentur/TCL, Gauting)

Konzept, Redaktion und Koordination: Volker Busch, Prisma Verlag GmbH, München
Autorin: Susanne Kölsch, Münster
Übersetzung ins Englische: Birgit Helen Beile, Münster
Übersetzung ins Französische: Martine Passelaigue und Nelly de Leiris, München
Buchgestaltung: Hubert K. Hepfinger, Freising

Satz: Buchmacher Bär, Freising
Lithographie: Repro Ludwig, Zell am See
Druck und Einband: Mohndruck Graphische Betriebe GmbH, Gütersloh
Printed in Germany
ISBN 3-572-00539-6

Inhalt
Contents · Contenu

Vom Sockel geholt
Über den zwanglosen Umgang mit den Monumenten der Vergangenheit

Der vaterländische Tourismus sei vorbei, den meisten Leuten sage das »Kaiser-Wilhelm-Denkmal« nichts mehr, stellte unlängst ein Vertreter der Stadt Porta Westfalica fest. Und wer wollte es ihnen verübeln, wer erinnerte sich nicht selbst mit gemischten Gefühlen an Schulausflüge zu solchen Stätten der Heldenverehrung und nationalen Vergewisserung? In ehrfürchtigem Staunen vor bedeutenden Gestalten und steinernen Zeugnissen der deutschen Geschichte zu verharren scheint uns kaum mehr möglich, seit der Nationalsozialismus derartige Empfindungen für seine Zwecke mißbraucht hat. Nach Meinung vieler Zeitgenossen hätte es nach 1945 strenggenommen nur noch Mahnmale geben dürfen, jegliches heroische oder nationale Pathos war zutiefst verdächtig. Daß schließlich die Monumentalplastik in der DDR ein paar weitere Jahre ihr unseliges Dasein fristete, machte die Sache nicht gerade leichter.

Doch immer noch erhebt sich das Standbild des Kaisers inmitten eines gewaltigen Denkmalkomplexes, nicht zu übersehen für jeden Reisenden, der sich Westfalen aus nordöstlicher Richtung nähert. Ganz ungeachtet aller ideologischen und ästhetischen Vorbehalte wird man zugeben müssen, daß die Monumentalbaumeister des vergangenen Jahrhunderts ihr Handwerk verstanden haben: Der

A short while ago a representative of the town of Porta Westfalica observed that patriotic tourism was a thing of the past and that the »Kaiser Wilhelm Monument« meant nothing to people anymore. And who can blame them? What German does not remember with mixed feelings school trips to such places of hero worship and national reassurance? It no longer seems permissible to gaze with reverent awe at important figures and stone witnesses of German history, since the Nazi regime twisted such emotions for its own purposes. In the opinion of many contemporaries only memorials should really have been allowed after 1945; all heroic or nationalistic emotionalism was deeply suspect. This situation was not made any easier by the fact that monumental sculpture continued to be produced in the German Democratic Republic.

But up to the present day the statue of Emperor Wilhelm still rises up in the centre of a colossal monument complex and cannot be overlooked by any traveller approaching Westphalia from a northeasterly direction. All ideological and aesthetic reservations apart, it has to be admitted that the monument builders of the last century were masters of their trade: the location is so well chosen that the »Kaiser Wilhelm Monument« has become the symbol of the Por-

Si l'on en croit le constat récent d'un représentant de la ville Porta Westfalica, le temps du tourisme patriote est révolu, le «Kaiser-Wilhelm-Denkmal» (monument à la gloire de l'empereur Guillaume 1er) ne signifie plus rien pour la plupart des gens. Qui pourrait leur en tenir rigueur, qui n'éprouve donc pas de sentiments mitigés au souvenir de sorties scolaires sur les lieux de culte des héros, visant au renforcement du sentiment national? Il n'est plus guère pensable de ressentir quelque admiration respectueuse face aux personnalités importantes et aux témoins de pierre de l'histoire allemande, depuis que le national-socialisme a fait l'usage que l'on sait de tels sentiments. De l'avis de nombreux contemporains de cette époque, il n'aurait plus dû exister, après 1945, que des monuments commémoratifs; tout pathos héroïque ou nationaliste ne pouvait être dès lors que profondément suspect. Le fait que la sculpture monumentale poursuivit son existence malheureuse en RDA ne simplifia pas les choses.

Et pourtant, la statue de l'empereur est toujours là, s'élevant au milieu d'un ensemble aux dimensions colossales. Les voyageurs arrivant en Westphalie par le nord ne peuvent manquer de la voir. Au-delà de toutes réserves d'ordre esthétique ou idéologique, il faut admettre que les bâtisseurs du mo-

Standort ist so gut gewählt, daß das »Kaiser-Wilhelm-Denkmal« zum Wahrzeichen der Porta Westfalica geworden ist. Und allen pessimistischen Prognosen zum Trotz kommen die Besucher nach wie vor. Über ihre Motive kann man nur Vermutungen anstellen – möglicherweise finden sie das Denkmal nicht mehr zeitgemäß, viel zu protzig, ja sogar unfreiwillig komisch. So unerschütterlich Wilhelm I. auch dastehen mag, haben ihn viele seiner Betrachter, so scheint es, in Gedanken von seinem Sockel geholt.

Einen Bildersturm hat es nach 1945 wahrhaftig nicht gegeben. Was an Denkmälern vom Krieg verschont geblieben war, wurde bis auf die übelsten Auswüchse völkischen Ungeistes zumeist nicht geschliffen. Mit vielen Zeugnissen der deutschen Geschichte haben wir uns inzwischen neu arrangiert; wir betrachten sie vielleicht nicht mehr so pflichtschuldig-respektvoll, dafür aber viel entspannter und mit wirklicher Neugier. Besonders in den letzten beiden Jahrzehnten ist so etwas wie eine neue Denkmalkultur zu beobachten. Den scheinbar immer stärker werdenden Zwängen von Wirtschaft und Verkehr stellen sich wachsende denkmalpflegerische Aktivitäten entgegen. »Erhalten statt abreißen« heißt die Devise. Gerade weil die Entwicklung in unserer Gesellschaft Bekanntes und Vertrautes in immer kürzeren Abständen verschwinden läßt, gilt es, möglichst viele Spuren der Geschichte zu erhalten bzw. erneut sichtbar zu machen.

ta Westfalica. And in spite of all pessimistic predictions the visitors still keep on coming. One can only speculate about their motives, and perhaps they find the monument antiquated, much too ostentatious, or even ludicrous. However firmly Emperor Wilhelm I stands there, many a visitor may well in imagination have thrown him down from his pedestal.

No iconoclasm took place after 1945. Apart from the worst excesses of nationalist fanaticism, most of the monuments which survived the war were left untouched. We have now newly come to terms with many testimonies of German history; perhaps we no longer regard them with the former mixture of dutifulness and respect but rather in a more relaxed manner and with true curiosity. A new attitude towards monuments has been especially noticeable in the last two decades. In spite of the apparently growing constraints of commerce and traffic, efforts towards the preservation of historical monuments have increased. The motto is: »Preservation and not demolition«. The fact that development in our society causes the well-known and the familiar to vanish ever more quickly makes it necessary to preserve or rediscover as many traces of our history as possible.

numental au siècle dernier connaissaient leur métier: l'emplacement du «Kaiser-Wilhelm-Denkmal» est si judicieux que ce monument est devenu l'emblème de Porta Westfalica. Et en dépit de toutes les prévisions pessimistes, les visiteurs affluent toujours. On peut s'interroger sur les motifs de leur visite; selon toute vraisemblance, ils trouvent le monument dépassé, beaucoup trop ostentatoire, et même involontairement comique. Il semble bien que Guillaume 1er, aussi inébranlable puisse-t-il paraître, soit tombé de son piédestal dans l'esprit de bon nombre de ceux qui le regardent.

L'après-1945 n'eut rien d'une période iconoclaste. Pour la plupart, les monuments épargnés par la guerre ne furent pas rasés, à l'exception des débordements les plus sordides d'un mauvais esprit populaire. Depuis, nous avons adopté une nouvelle attitude vis-à-vis des témoins de l'histoire allemande, nous ne les considérons peut-être plus avec ce respect obligé, mais avec plus de distance et une véritable curiosité. En particulier ces vingt dernières années, une nouvelle conception du monument est née. Aux contraintes prétendument toujours plus fortes de l'économie et du transport, on oppose de plus en plus conservation et mise en valeur des monuments et vestiges historiques. «Conserver au lieu de détruire», telle est la devise. Précisément parce que, dans notre société, la tendance est à la disparition de plus en plus rapide des choses connues et familières, il faut garder le plus possible de traces de l'histoire et, dans certains cas, les rendre à nouveau visibles.

Archäologische Fundstücke
Erinnerungen an Römer, Germanen und andere Vorfahren

Zugegeben, Pyramiden haben sie nicht gerade gebaut, unsere Urahnen. Abgesehen von den sogenannten »Hünengräbern«, die hier und da romantischer Schwärmerei Vorschub leisteten, sind Deutschlands Urzeit-Denkmäler zumeist eher unspektakulärer Natur. Denn was diese Stätten der Urgeschichte bedeutend macht, teilt sich optisch kaum mit. Ihre oftmals zufällige Entdeckung verdanken sie größeren Grabungsunternehmungen. Doch sobald die Fundstellen wieder eingeebnet oder gar überbaut sind, wandern die Fundstücke meist in die archäologischen Museen. Seit einigen Jahren gibt es allerdings immer mehr Rekonstruktionen vor- und frühgeschichtlicher Siedlungen, um dem Besucher die Lebensformen vergangener Epochen in ihrer Gesamtheit anschaulicher zu machen.

Die Germanen als Volk treten eigentlich erst mit der römischen Kolonisierung in den Blickpunkt der Geschichte. Von den »teutonischen Horden« sprechen die römischen Geschichtsschreiber alle mit einer Mischung aus Respekt und Geringschätzung, weil es den römischen Legionen niemals völlig gelang, die germanischen Stämme militärisch zu besiegen. Zur Sicherung ihres Territoriums bauten sie den Limes, eine befestigte Grenzanlage mit Wachttürmen und Kastellen.

Admittedly, the forebears of the Germans didn't exactly build pyramids. Apart from the megalithic graves, which captured the Romantic imagination, most of Germany's prehistoric monuments are fairly unspectacular. For what makes these prehistoric sites so important is hardly visible to the eye. Often they have only been discovered by chance during major excavation work. But when these sites are filled in or even built over, the finds are usually sent to archaeological museums. In the last years, however, there has been an increasing number of reconstructions of settlements from prehistorical and early historical times, in order to give the visitor a fuller picture of living conditions in former ages.

As a people, the Teutons did not really appear in history until the Roman colonization. All the Roman historiographers speak of the »Teutonic hordes« with a mixture of condescension and respect, as the Roman legions never fully succeeded in defeating the Teutons in battle. To secure their territory the Romans built the Limes, a fortified border with watchtowers and small forts.

Avouons-le, nos ancêtres n'ont pas vraiment bâti de pyramides. A l'exception des tumulus, objet parfois d'exaltation romantique, les monuments de la période primitive de l'Allemagne sont généralement peu spectaculaires. Car ce qui rend ces lieux importants n'apparaît guère. Ils furent souvent découverts par hasard au cours d'importantes fouilles archéologiques. Mais à peine ces emplacements sont-ils aplanis de nouveau, voire bâtis, les objets découverts prennent le plus souvent la direction des musées. Depuis quelques années, on reconstitue de plus en plus de sites préhistoriques et protohistoriques pour que les visiteurs puissent se faire une idée plus claire de la vie à ces époques.

»Hünengräber« aus großen Steinblöcken wie dieses auf Rügen wurden überall in Norddeutschland entdeckt.

Megalithic graves of huge stones, like this one on Rügen, have been found in the whole of northern Germany.

De nombreuses tombes mégalithiques, comme celle-ci à Rügen, furent découvertes en Allemagne du Nord.

Rekonstruktion einer bronzezeitlichen Pfahlbautensiedlung im Bodensee bei Unteruhldingen.

Reconstruction of a bronze age settlement of stilts in Lake Constance near Unteruhldingen.

Reconstruction de palafittes à Unteruhldingen, sur le lac de Constance.

Als Stadttor gegen Ende des zweiten Jahrhunderts n. Chr. errichtet, ist die Porta Nigra in Trier eines der besterhaltenen römischen Bauwerke.

The Porta Nigra in Trier, built as a town gate at the end of the second century A.D., is one of the best preserved Roman buildings.

Erigée vers la fin du deuxième siècle après J.C., la Porta Nigra à Trèves est l'un des vestiges romains les mieux conservés.

Ein Rest des Limes bei Walldürn, Odenwald. Ursprünglich 548 km lang, begrenzte er die römische Provinz Obergermanien.

Remains of the Limes near Walldürn, Odenwald. Originally 548 km long, the Limes formed the border of the Roman province Upper Germania.

Les ruines du limes près de Walldürn (Odenwald). Il délimitait jadis la Germanie supérieure sur une longueur de 548 km.

Nachgebauter Wachtturm am rätischen Limes, im Volksmund »Teufelsmauer« genannt, nahe der Donau bei Kelheim.

Reconstructed watch-tower of the Rhaetian Limes, known as »Devil's Wall«, near the Danube at Kelheim.

Tour de guet le long du limes rhétique, dit aussi le « mur du diable », à Kelheim près du Danube.

Die Hadrianssäule bei Kelheim. Während der Regierungszeit des römischen Kaisers im ersten Jahrhundert n. Chr. wurde der Ausbau des Limes vollendet.

Hadrian's Column near Kelheim. It was during the reign of this Roman emperor in the first century A.D. that the Limes was completed.

La colonne d'Hadrian près de Kelheim. La construction du limes a été achevée dans le premier siècle après J.C., pendant le règne de l'empereur romain.

Im Schatten des Limes gedieh eine blühende Stadtkultur: Dionysos-Mosaik aus der Villa eines römischen Kaufmanns in Köln.

Flourishing urban life developed in the shadow of the Limes: Dionysus mosaic from the Cologne villa of a Roman merchant.

Culture urbaine florissante à l'intérieur du limes : mosaïque de Dionysos retrouvée dans la villa d'un riche Romain à Cologne.

Ein beeindruckendes, jedoch »importiertes« Zeugnis antiker Kultur, der Pergamonaltar aus Kleinasien, ist in Berlin zu besichtigen.

An impressive though »imported« example of ancient culture, the Pergamon altar from Asia Minor, can be seen in Berlin.

Témoignage impressionnant, quoique

Auch in den kälteren Gefilden Germaniens mochten die Römer nicht auf Badefreuden verzichten: Überreste der Kaiserthermen in Trier.

The Romans did not want to forgo the joys of bathing, even in the colder climes of Germania: remains of the Imperial Baths in Trier.

En dépit du climat dans les contrées germaniques, les Romains ne renoncèrent pas aux plaisirs du bain : thermes impériaux à Trèves.

Zeugen des Mittelalters
Pfalzen, Klöster, Ritterburgen

Karl der Große besaß wie alle mittelalterlichen Herrscher keine feste Residenz. Er zog mit seinem Gefolge von Pfalz zu Pfalz, um seine Amtshandlungen auszuführen. Diese Pfalzen waren große und leistungsfähige bäuerliche Güter, die den Herrscher mit seinem bis zu 2000 Personen zählenden Gefolge beherbergen und wirtschaftlich versorgen konnten. Sie bildeten auch einen würdigen Rahmen für Festlichkeiten sowie für Versammlungen kirchlicher und weltlicher Würdenträger. Karls Lieblingspfalz wurde Aachen – nicht zuletzt der warmen Quellen wegen, heißt es. Das Mitte des 8. Jahrhunderts entstandene Hofgut ließ er mit prachtvollen Bauten zur Kaiserpfalz ausstatten.
Seit dem frühen 10. Jahrhundert kann man von einem deutschen Reich sprechen, hervorgegangen aus dem Ostfrankenreich, wobei das karolingische Erbe zunächst Leitbild der deutschen Könige blieb. Politische Einheit im Sinne einer zentralen, alles durchdringenden Königsherrschaft ist in Deutschland freilich nie erreicht worden. Unmittelbare Macht konnte der König nur ausüben, wo er selbst Besitz, Einkünfte und Rechte besaß. Ihr »hohes Gewerbe«, die Regierungsgeschäfte, versahen die Herrscher im Umherziehen, wobei sie auch die »Gastung« von Reichsklöstern und Bistümern in Anspruch nahmen.

Like all medieval rulers, Charlemagne did not have a permanent royal seat. Together with his entourage he journeyed from »Pfalz« to »Pfalz«, in order to conduct his official business. These »Pfalzen« were large and efficient agricultural estates capable of housing and maintaining the emperor and his retinue, which could number up to two thousand persons. They also provided an appropriate setting for festivities as well as for assemblies of clerical and secular dignitaries.
Charlemagne's most favourite »Pfalz« was Aachen – allegedly not least because of its warm springs. He turned this court estate, dating from the 8th century, into the »Emperor's Pfalz« through the addition of several splendid edifices.
It is possible to speak of a German Reich since the beginning of the tenth century; it emerged out of East Franconia, and at first the Carolingian heritage remained the model for the German kings. Political unity in the sense of a centralized, all-encompassing monarchy was never achieved in Germany, however. The king could only rule directly where he himself had property, income and rights. But the monarchs continued to discharge their »high office« by travelling, also claiming hospitality from the royal monasteries and bishoprics.

Comme tous les souverains de l'époque médiévale, Charlemagne ne possédait pas de résidence fixe. Pour l'accomplissement de ces tâches administratives, il passait de palais en palais accompagné de sa suite. Ces palais étaient de grands domaines fermiers très productifs, pouvant héberger le seigneur et sa suite, qui comptait jusqu'à 2 000 personnes, et d'assurer le ravitaillement de tout ce monde. Ces palais constituaient également le digne cadre de festivités et de rassemblements de dignitaires ecclésiastiques et laïcs. Le lieu de résidence favori de Charlemagne était Aix-la-Chapelle: on prétend que la présence de sources d'eau chaude y fut pour quelque chose. Il fit passer le domaine fondé vers 750 au rang de palais impérial en faisant bâtir de somptueuses édifices.

Der Bamberger Reiter aus dem 13. Jahrhundert, vermutlich das früheste erhaltene Reiterstandbild, verkörpert das mittelalterliche Ideal des Ritters.

The 13th century Bamberg Rider, presumed to be the oldest preserved equestrian statue, embodies the medieval ideal picture of a knight.

Le Cavalier de Bamberg (XIIIe siècle), une des statues équestres les plus anciennes et symbole d'un Moyen Age idéalisé.

Ursprünglich von den Ottonen begründet, präsentiert sich die Kaiserpfalz in Goslar heute in einer historisierenden Rekonstruktion des 19. Jahrhunderts.

Originally founded by the Ottonians, the Kaiserpfalz in Goslar today presents itself as a historical reconstruction from the 19th century.

Erigé à l'origine par la dynastie ottonienne, le palais impérial de Goslar a été reconstruit au XIXe siècle.

KREUTZER

OPUS DOMINI TOTAM QUI CONSTRUIT AULAM EFFECTUSQUE PIIS DAT STUDIIS HOMINUM QUORUM PERPETUI DECORIS STRUCTURA MA

Kern des Aachener Münsters ist die unter Karl dem Großen erbaute Pfalzkapelle mit ihrem achteckigen, von einer Kuppel überdachten Mittelraum.

The heart of Aachen Cathedral is the Pfalz Chapel, built during the reign of Charlemagne, with its octagonal, domed centre.

Construite sous Charlemagne en forme de basilique octogonale à coupole, la chapelle palatine dans la cathédrale d'Aix-la-Chapelle.

Karlsthron im Oktogon des Aachener Münsters, wo bis 1531 die deutschen Könige gekrönt wurden.

Charlemagne's throne in the octagon of Aachen Cathedral, where the German kings were crowned until 1531.

Le trône de Charlemagne dans la cathédrale d'Aix-la-Chapelle où furent sacrés les rois allemands jusqu'en 1531.

Kloster Corvey, einst Benediktinerabtei und Mittelpunkt kulturellen Austauschs, bei Höxter. Das Westwerk der Klosterkirche (873 bis 885) ist das älteste Baudenkmal des Mittelalters in Westfalen.

Corvey Monastery, former Benedictine abbey and centre of cultural exchange, near Höxter. The western part of the monastery church (873 to 885) is the oldest medieval building in Westphalia.

Corvey près de Höxter, ancienne abbaye de bénédictins et centre culturel important. L'ouvrage ouest de l'église abbatiale (873-885) est l'un des plus anciens vestiges du Moyen Age en Westphalie.

Die frühgotische Pfeilerbasilika (1273 bis 1324) des Klosters Chorin, ein Meisterwerk der norddeutschen Backsteingotik.

The early-Gothic column basilica (1273 to 1324) of Chorin Monastery, a master-piece of North German Gothic architecture.

La basilique (1273-1324) de l'abbaye de Chorin, chef-d'oeuvre en briques du gothique nord-allemand.

Im romanischen Stil wurde die 1193 gegründete Benediktinerabtei Maria Laach mit ihrer sechstürmigen Klosterkirche erbaut.

The Benedictine abbey Maria Laach, founded in 1193, with its striking monastery church is built in Romanesque style.

L'abbaye de Maria Laach, basilique romane à trois nefs, fondée par les bénédictins en 1193.

Das gotische, aus schwarz-glasierten Ziegeln erbaute Rathaus in Lübeck, seit dem 13. Jahrhundert Haupt der Hanse und eine »Großstadt« des Mittelalters.

The Gothic Town Hall in Lübeck, built of black brick. Lübeck was head of the Hanse from the 13th century, and already a »city« in medieval times.

Lübeck, ville hanséatique depuis le XIIIe siècle et métropole du Moyen Age : l'hôtel de ville en briques vernissées sombres.

Auf einem Sandsteinfelsen liegt die Nürnberger Burg, deren älteste Teile aus dem 11. Jahrhundert stammen. Ganz rechts der markante Sinwell-Turm.

Nürnberg Castle, which in part dates from the 11th century, lies on a sandstone rock. On the far right the striking Sinwell Tower.

Les fortifications à Nuremberg dont les parties les plus anciennes remontent au XIe siècle. A droite, l'imposante tour de Sinwell.

Auf einer Felsinsel im Rhein bei Kaub ließ König Ludwig der Bayer 1327 eine Pfalz als Zollburg errichten.

In 1327, King Ludwig the Bavarian had a small castle built as a toll-house on an island rock in the Rhine, near Kaub.

En 1327, le roi Louis de Bavière fit ériger un château de péage sur le Rhin, près de Kaub.

Mäuseturm bei Bingen – der Sage nach soll der Bischof Hatto zur Strafe für seine Hartherzigkeit von Mäusen im Turm gefressen worden sein.

The »Mouse Tower« near Bingen – according to legend Bishop Hatto was eaten alive by mice in this tower because he was so hard-hearted.

Bingen, la tour des Souris – selon la légende l'évêque Hatto y aurait été dévoré par des souris pour avoir infligé des souffrances au peuple.

Burg Eltz bei Moselkern: 1920 nach einem Brand wiederhergestellt und mit ihren vielen Türmen Inbegriff mittelalterlicher Burgromantik.

Eltz Castle near Moselkern – reconstructed in 1920 after a fire, it is the epitome of medieval castles with its many towers.

Le château d'Eltz sur la Moselle symbolise une forme de romantisme moyenâgeux. Il fut reconstruit en 1920 après un incendie.

Bastionen des Glaubens
Kuppeln, Türme, Kirchenschiffe

Ob Martin Luther die 95 Thesen, mit denen er seine reformatorischen Gedanken an eine breitere Öffentlichkeit richtete, tatsächlich an die Tür der Schloßkirche zu Wittenberg anschlug, ist nicht sicher belegt. Doch die Überlieferung will es so und ist hier den Fakten ganz eindeutig überlegen. Denn noch in der frühen Neuzeit war die Kirche der öffentliche Ort schlechthin, wo eben auch Luthers antiklerikaler Protest seinen Platz fand.
Viele der mittelalterlichen Pfarr- und Klosterkirchen beeindrucken auch den heutigen, an Hochhäuser gewöhnten Betrachter durch ihre gewaltigen Dimensionen. Der Satz, daß der Glaube Berge zu versetzen vermag, findet hier seine architektonische Bestätigung. Schon die rein physische Leistung der damaligen Baumeister verdient unsere Bewunderung. Jedoch nicht nur in architektonischer, sondern auch in höchst irdischer Weise waren die Kirchen städtische Zentren. Um sie herum wurden die Toten begraben, fanden Marktverkehr und Rechtsakte statt. All das endete keineswegs immer vor den Portalen der Gotteshäuser, und ebensowenig machte die weltliche Macht dort halt: Sie dokumentierte mit eigenem Gestühl und Stiftergaben ihren Einfluß.

It is not known for certain whether Martin Luther actually did nail his 95 propositions onto the door of the Castle Church in Wittenberg, in order to make his reformatory thoughts more widely known. But in this case tradition is quite definitely superior to the facts, as up to the early modern age the church was still the main public place, the place where for example Luther's anti-clerical protest could be aired.
Many of the medieval parish and monastery churches still impress the viewer of today, who is familiar with the sight of sky-scrapers, with their monumental dimensions. The saying that faith can move mountains finds its architectural confirmation here; the physical achievement of the workmen in former times commands our respect. However, the churches not only formed the architectural centres of towns. They were also the focus-point for many aspects of town life, as in their vicinity the dead were buried, and market days and court days were held. But all these activities did not always end outside the church portals; neither did the secular power, which displayed its influence through its own seating and through gifts.

Rien ne permet d'affirmer avec certitude que Martin Luther afficha réellement sur la porte de la Schlosskirche de Wittenberg ses 95 thèses destinées à faire connaître sa pensée réformatrice. Mais la tradition le veut ainsi et elle est bien supérieure aux faits. Car, au début de la Renaissance, cette église fut bel et bien le lieu public où put s'exprimer l'opposition de Luther au clergé.
Bon nombre d'églises paroissiales ou conventuelles nous impressionnent encore par leurs dimensions imposantes. «Une foi à soulever les montagnes» – l'expresssion trouve ici sa confirmation architecturale. La simple prouesse physique des bâtisseurs de jadis est digne de toute admiration. Mais si les églises constituaient le point central des villes, les raisons en sont tant architecturales que séculières.

Das Wahrzeichen von München, die spätgotische Frauenkirche mit ihren markanten »welschen« Turmhauben.

The late-Gothic Church of Our Lady with its striking domed towers is the symbol of Munich.

L'emblème de Munich : l'église Notre-Dame de style gothique tardif avec ses célèbres dômes.

Der Hildesheimer Dom: 1945 fast völlig zerstört, wurde er in seiner ursprünglichen Form als romanische Basilika wiederaufgebaut.

Hildesheim Cathedral – having been almost completely destroyed in 1945, it was rebuilt in its original form of a Romanesque basilica.

La cathédrale de Hildesheim : presque entièrement détruite en 1945, elle fut reconstruite sous son ancienne forme de basilique romaine.

Mit den weiß-roten Außenwänden und schwarzen Dächern ist der siebentürmige Dom beherrschendes Bauwerk der Stadt Limburg.

With its red-and-white exterior and black roofs the seven-towered cathedral dominates the town silhouette of Limburg.

La cathédrale de Limbourg avec ses murs blanc et rouges et ses sept tours coiffées de noir.

1377 begonnen, wurde das Ulmer Münster mit seinem gewaltigen Turm erst im 19. Jahrhundert vollendet.

Begun in 1377, Ulm Cathedral with its mighty tower was not completed until the 19th century.

Commencée en 1377, la cathédrale d'Ulm ne fut achevée qu'au XIXe siècle.

Besonders typisch ist die Doppelturmfassade des Magdeburger Doms, der – 1363 geweiht – in Grund- und Aufriß der französischen Gotik folgt.

Magdeburg Cathedral, consecrated in 1363, was built in French Gothic style and has a typical double-towered facade.

Inspirée des plans du gothique français, la cathédrale de Magdebourg (1363) avec sa façade et ses deux tours.

Die Tür der Schloßkirche zu Wittenberg, an die Luther 1517 seine 95 Thesen angeschlagen haben soll.

The Castle Church portal in Wittenberg, on which Luther is said to have nailed his 95 propositions in 1517.

Le portail de l'église de Wittenberg où Luther afficha ses 95 thèses en 1517.

Am Turm der Lambertikirche in Münster hängen die Käfige, in denen die hingerichteten Anführer der Wiedertäufer zur Schau gestellt wurden.

On the tower of the Lamberti Church in Münster hang the cages in which the corpses of the executed leaders of the Anabaptists were displayed.

Münster : la tour de l'église Saint-Lambert à laquelle furent suspendues les cages renfermant les cadavres des anabaptistes.

Das größte gotische Bauwerk Deutschlands, der Kölner Dom, beherrscht noch heute unumstritten das Stadtbild.

Cologne Cathedral, the largest Gothic building in Germany, still dominates the appearance of the town.

Le plus grand édifice gothique en Allemagne : la cathédrale de Cologne dominant la ville tout entière.

Blick in das überwältigende Mittelschiff des Kölner Doms.

View into the impressive central nave of Cologne Cathedral.

Vue sur la nef centrale de la cathédrale de Cologne.

Von außen eine schlichte Wallfahrtskirche, überrascht die Wieskirche bei Steingaden mit ihrer opulenten Rokokodekoration.

A plain pilgrimage church from the outside, the Wieskirche near Steingaden surprises with opulent interior rococo decoration.

Simple église de pélerinage, la Wies, près de Steingaden, surprend par l'opulence de son décor rococo.

Höfische Prachtentfaltung
Die Erbschaft der Könige und Fürsten

Im Zeitalter des Absolutismus führte das Bestreben der Herrscher, ihre Macht auch äußerlich sichtbar zu machen, zu einer gesteigerten Bautätigkeit, an der sich auch die größeren und kleineren deutschen Landesfürsten beteiligten. Vorbild für sie alle war der französische König Ludwig XIV., den seine Bewunderer den »Sonnenkönig« nannten und dessen prunkvolle Hofhaltung in Versailles sie nachzuahmen suchten. Bei den unbedeutenden »Duodezfürsten« stand die Großartigkeit der Bauprojekte allerdings oft in keinem Verhältnis zu den finanziellen Möglichkeiten der Bauherren.
Mit ihren umfangreichen Aufträgen an die großen Baumeister der Zeit veränderten die Fürsten mehr und mehr das Erscheinungsbild ihrer Landeshauptstädte und schufen die von weltlichen und kirchlichen Prachtbauten geprägten, mit Parkanlagen und Alleen großzügig gestalteten repräsentativen Residenzstädte des absolutistischen Zeitalters. So erhielt etwa Dresden unter der Regie des sächsischen Kurfürsten August des Starken sein neues Gesicht als eine der bedeutendsten Barockstädte. Karlsruhe entstand sogar erst mit dem Entschluß des Markgrafen von Baden-Durlach, sich eine neue Residenz zu bauen.

In the Age of Absolutism the desire of the rulers to make their power outwardly visible led to increased building activity, in which the larger and smaller German sovereigns also took part. Their model was the French king Louis XIV, whom his admirers called the »Sun King« and whose magnificent court life at Versailles they wished to emulate. In the case of the unimportant minor princes the splendour of the building projects often bore no relation to their financial possibilities.
With the extensive building work they assigned to the great master builders of the time the various rulers changed the appearance of their royal seats more and more and thereby created the splendid royal capitals of the Age of Absolutism, characterized by magnificent secular and church buildings and generously endowed with parks and avenues. In this way Dresden, for example, became one of the most important Baroque cities under the rule of the Saxon Elector Augustus the Strong. The town of Karlsruhe, in fact, was only founded due to the decision of the margrave of Baden-Durlach to build himself a new residence.

Durant la période de l'absolutisme, les souverains, avides de témoignages visibles de leur pouvoir, multiplièrent la construction de bâtiments. Les princes furent eux aussi de grands bâtisseurs. Aux yeux de tous, Louis XIV – le «Roi Soleil» –, étaient un modèle, et nombreux furent ceux qui s'évertuèrent à imiter les fastes de la cour à Versailles. Les projets des «petits» princes étaient souvent d'une ampleur peu en rapport avec leurs moyens financiers.
Grâce aux importantes commandes passées à de grands architectes, les princes modifièrent considérablement l'aspect de leurs villes, et furent ainsi à l'origine de la création de ces capitales princières – ou résidences – représentatives de l'époque de l'absolutisme, transformées par de fastueux édifices profanes et religieux, et dont le tracé ample inclut parcs et allées.

Des Bayernkönigs Ludwig II. Traum vom Mittelalter: Schloß Neuschwanstein bei Füssen.

King Ludwig II of Bavaria's medieval dream – Neuschwanstein Palace near Füssen.

Le château de Neuschwanstein, idéal moyenâgeux du roi Louis II de Bavière.

Ein Prunkstück der Barockarchitektur: Treppenhaus der Würzburger Residenz nach Plänen von Balthasar Neumann, Fresko von G. B. Tiepolo.

A show-piece of Baroque architecture – staircase in the Würzburg residence designed by Balthasar Neumann, fresco by G. B. Tiepolo.

Merveille d'architecture baroque : l'escalier de la résidence de Wurtzbourg dessiné par Balthasar Neumann et décoré d'une fresque de Tiepolo.

Der Zentralbau des Rokokoschlosses Sanssouci in Potsdam, Lieblingsstätte des Preußenkönigs Friedrich des Großen.

The central building of rococo palace Sans Souci in Potsdam, the Prussian king Frederick the Great's favourite residence.

Bâtiment central du château rococo Sans-Souci à Potsdam, lieu de séjour favori du roi Frédéric II.

Seit 1947 beherbergt das inmitten weitläufiger Parkanlagen gelegene Schloß Moritzburg bei Dresden ein Barockmuseum.

Moritzburg Palace near Dresden, surrounded by an extensive park, has housed a museum of the Baroque age since 1947.

Depuis 1947, le château de Moritzbourg, situé dans un parc près de Dresde, abrite un musée du baroque.

Der Dresdner Zwinger, eine im Auftrag Augusts des Starken von Pöppelmann geschaffene Platzanlage für höfische Festivitäten.

The Dresden Zwinger, a complex which Augustus the Strong had built by Pöppelmann for court festivities.

Le Zwinger à Dresde, construit par Pöppelmann sur la demande d'Auguste le Fort pour abriter les festivités royales.

Heidelberg mit seiner Schloßruine.

Heidelberg with its castle ruins.

Heidelberg, les ruines du château.

Schloß Herrenchiemsee, von Ludwig II. nach dem Versailler Vorbild auf der Herreninsel im Chiemsee erbaut.

Herrenchiemsee Palace, built by Ludwig II on the Herreninsel in the Chiemsee with Versailles as its model.

Le château de Herrenchiemsee, réplique de Versailles que fit construire le roi Louis II.

Mythen und Legenden
Hoffnungsträger, Ruhmeshallen und Gruften

Die gestalterischen Mittel, die in der Denkmalplastik des 19. Jahrhunderts entwickelt wurden, um Personen und Ereignisse zu überhöhen, haben für den heutigen Betrachter viel von ihrer Überzeugungskraft eingebüßt. Ein wenig zu weihevoll wirken die zahlreichen Rückgriffe auf die angeblich zeitlosen Formen der klassischen Antike. Wo indessen der 1871 verwirklichte Nationalstaat zu feiern war, boten sich die germanischen Mythen an. Als Walküre mit mütterlichen Zügen präsentierte sich gewöhnlich Germania. Feldherren, Politiker und Monarchen stellte man nicht nur auf den Sockel, sondern setzte sie zusätzlich gerne aufs Pferd, wobei je nach Pose und Uniform eher der Kriegsheld oder der Landesvater gefeiert wurde.
Mit historischen Fakten verfuhr man großzügig: So wurde der Cheruskerfürst Arminius zum germanischen Widerstandskämpfer Hermann eingedeutscht. Gänzlich im Reich der Sage befinden wir uns schließlich mit dem Kaiser-Wilhelm-Denkmal auf dem Kyffhäuser, wo in der Barbarossa-Höhle der Staufer darauf warten soll, die entschwundene Kaiserherrlichkeit wiederherzustellen. Der letzte deutsche Monarch konnte sich jedoch trotz der beziehungsreichen Wahl des Standorts für sein Denkmal nicht mit dem Glanz des Stauferkaisers messen.

The structural means which were developed in monument sculpture in the 19th century for the sublimated portrayal of personages and events have lost much of their credibility for the viewer of today. The frequent use of the allegedly timeless forms of classical antiquity today seems a little too venerative. When the German national state, achieved in 1871, was to be celebrated, the Germanic myths presented themselves. Germania was usually portrayed as a valkyrie with maternal traits. Soldiers, politicians and monarchs were not only put on a pedestal, but also often seated on a horse; depending on pose and uniform either the war hero or the county ruler was honoured.
Historical facts were interpreted generously. Thus the Cheruscan prince Arminius was ›Germanized‹ into a Germanic resistance fighter. The Emperor William Monument on the Kyffhäuser leads us fully into the realm of legends – Holy Roman Emperor Frederick Barbarossa is said to wait in a nearby cave until he can reinstate his lost imperial glory. Though the last German monarch, William II, chose such a suggestive location for his memorial, he was not able to compete with the splendour of Barbarossa's reign.

Les procédés artistiques mis en oeuvre dans la sculpture monumentale du XIXe siècle pour ennoblir les faits et les personnes paraissent aujourd'hui avoir perdu de leur force de persuasion. Le recours fréquent aux formes prétendument éternelles de l'antiquité produit un effet souvent un peu trop solennel. On puisa ensuite dans le fonds des mythes germaniques pour fêter l'Etat national en 1871. La Germania était représentée traditionnellement par une walkyrie aux traits maternels. Généraux, hommes politiques et monarques furent hissés sur des piédestaux, bien souvent juchés sur un cheval, le choix de la pose et de l'uniforme variant selon le héros de guerre ou le dirigeant national à qui gloire été rendue.

Das Hermannsdenkmal im Teutoburger Wald erinnert an den Sieg des Cheruskerfürsten über die Römer in der Varusschlacht.

The Hermann Monument in the Teutoburger Forest commemorates the Cheruscan prince's victory over the Romans in the Varus battle.

Le monument d'Arminius dans la forêt du Teutoburg érigé à la victoire des princes chérusques sur les Romains.

Krypta des 1913 eingeweihten Völkerschlachtdenkmals in Leipzig.

Crypt of the Battle of the Nations Monument in Leipzig (1913).

La crypte du monument de la Bataille des Nations érigé en 1913.

Innenraum der Walhalla bei Donaustauf mit Büsten und Namenstafeln berühmter Deutscher.

Interior of the Walhalla near Donaustauf with the busts and names of famous Germans.

La Walhalla, près de Donaustauf, avec bustes et plaques commémorant les grands hommes du pays.

In der Tradition der Rolandsfiguren steht das 1906 errichtete Bismarckdenkmal im Hamburger Elbpark.

The Bismarck Monument in the Elbpark in Hamburg, erected in 1906, follows the tradition of the Roland statues.

La statue de Bismarck, depuis 1906 dans l'Elbpark à Hambourg, rappelle en quelque sorte le Roland.

Das weithin sichtbare Kaiser-Wilhelm-Denkmal an der Porta Westfalica.

The Emperor Wilhelm Monument on the Porta Westfalica, which can be seen from afar.

Le monument de l'empereur Guillaume et la Porta Westfalica.

Die Bavaria, ein 30 m hohes Bronzestandbild, wurde 1850 an der Theresienwiese in München aufgestellt.

The Bavaria, a 30m high bronze statue, was erected on the Theresienwiese in Munich in 1850.

La Bavaria, statue en bronze de 30 m, fut érigée en 1850 sur la Theresienwiese à Munich.

Barbarossa-Figur am Fuße des Kaiser-Wilhelm-Nationaldenkmals auf dem Kyffhäuser.

Figure of Barbarossa at the foot of the Emperor Wilhelm Monument on the Kyffhäuser.

Figure de Barberousse sur le Kyffhäuser, au pied du monument de l'empereur Guillaume.

Ein neogotisches Tabernakel wölbt sich über den »Schwedenstein«, auf dem König Gustav Adolf nach der Schlacht von Lützen den Tod fand.

A neo-Gothic tabernacle forms a vault over the »Sweden Stone«, on which King Gustav Adolf died after the battle of Lützen.

Un tabernacle néo-gothique au-dessus du « Schwedenstein » où le roi Gustave Adolf trouva la mort après la bataille de Lützen.

Potsdam: Grab Friedrichs des Großen im Park von Sanssouci.

Potsdam – Frederick the Great's grave in Sans Souci park.

Potsdam : le tombeau de Frédéric II dans le parc de Sans-Souci.

Niederwalddenkmal bei Rüdesheim mit einem Bronzestandbild der Germania auf einem 25 m hohen Sockel.

Niederwald Monument near Rüdesheim with a bronze statue of Germania on a 25m high pedestal.

Monument du Niederwald à Rüdesheim, avec la statue en bronze de la Germania sur un socle de 25 m de haut.

Befreiungshalle bei Kelheim, hier die Eingangspforte des gewaltigen Rundbaus im antiken Stil, errichtet zur Erinnerung an die Freiheitskriege.

Hall of Freedom near Kelheim – here the entrance portal of the mighty, round building in classical style, erected in remembrance of the Wars of Liberation.

Monument de la Libération près de Kelheim : le portail de l'imposante rotonde rappelle le style de l'antiquité.

DEN TEUTSCHEN
BEFREIUNGSKAEMPFERN
LUDWIG I
KOENIG VON BAYERN
MDCCCLXIII

Auf dem Weg zur Einheit
Schauplätze der deutschen Geschichte

Die jüngste Vergangenheit hat uns erneut vor Augen geführt und erleben lassen, wie dornenreich und wechselvoll der deutsche Weg zu einem geeinten und freiheitlichen Staat von Anfang an war. Doch blicken wir ein wenig weiter zurück: Das Völkerschlachtdenkmal in Leipzig erinnert an den Herbstfeldzug 1813 der Befreiungskriege, der das Ende der napoleonischen Herrschaft in Deutschland besiegelte. Der auf dem Wiener Kongreß im Zuge der Neuordnung Europas geschaffene Deutsche Bund aus 35 souveränen Fürstenstaaten war jedoch alles andere als das von den Dichtern der Freiheitskriege besungene einige deutsche Vaterland.
Unter den zurückgekehrten Soldaten, vor allem aber bei den Studenten machten sich Enttäuschung und Verbitterung breit. Viele schlossen sich der rasch wachsenden Bewegung der Burschenschaften an, die die nationale Einigung Deutschlands auf der Basis demokratischer und liberaler Grundsätze forderten. Im Jahre 1848 kam es in fast allen deutschen Staaten zu revolutionären Erhebungen, in deren Folge sich die Landesfürsten zu Zugeständnissen an ihre Untertanen gezwungen sahen. Vorläufig vollendet wurde der deutsche Einigungsprozeß jedoch erst 1870 unter dem Druck der französischen Kriegserklärung.

The most recent past has once again shown us how thorny and varied the German path to a unified and free state has been from the beginning. But let us look back a little further: the Battle of the Nations Monument in Leipzig commemorates the 1813 autumn campaign of the Wars of Liberation, which marked the end of Napoleonic rule in Germany. The German Federation consisting of 35 sovereign principalities, which was created as part of the reorganization of Europe through the Congress of Vienna, was, however, anything but the united German fatherland of which the poets of the Wars of Liberation sang.
Amongst the returning soldiers, and especially the students, disappointment and embitterment spread. Many joined the growing movement of the »Burschenschaften« (student fraternities), which demanded the national unification of Germany under democratic and liberal conditions. In 1848, revolutionary uprisings took place in almost all German states, as a result of which the state sovereigns were forced to make concessions. However, the German unification process was not completed until 1870 under the pressure of the French declaration of war.

L'histoire récente nous a remis en mémoire combien le chemin de l'Allemagne jusqu'à un Etat libre et uni avait été long et semé d'embûches. Mais tournons-nous un instant vers le passé : le «Völkerschlachtdenkmal» (monument de la bataille des Nations), à Leipzig, évoque la campagne d'automne de la guerre de Libération de 1813 qui marqua la fin de la domination napoléonienne en Allemagne. Le congrès de Vienne marque la création de la Confédération germanique et donc d'un nouvel ordre européen. Issue de 35 principautés souveraines, elle ne ressemblait cependant guère à cette patrie allemande, chantée par les poètes, défenseurs des libertés.

Dachfries des von Wallot 1884 bis 1894 erbauten Reichstagsgebäudes in Berlin.

Frieze on the Reichstag building in Berlin, built by Wallot between 1884 and 1894.

Berlin, fronton du Reichstag, construit par Wallot de 1884 à 1894.

DEM DEUTSCHEN VOLKE

Ostseite der Wartburg bei Eisenach, Schauplatz des Wartburgfestes 1817 zum Gedenken der Reformation und der Leipziger Völkerschlacht.

East side of the Wartburg near Eisenach, where in 1817 celebrations remembering the Reformation and the Leipzig Battle of the Nations were held.

Côté est de la Wartburg, à Eisenach, où furent commémorées en 1817 la Réforme et la Bataille des Nations.

Die Lutherstube in der Wartburg, wo der Reformator 1551 bis 1552 das Neue Testament übersetzte.

The Luther room in the Wartburg, where the Reformer translated the New Testament from 1551 to 1552.

C'est dans cette pièce de la Wartburg que Luther traduisit le Nouveau Testament en 1551-1552.

Auf der Maxburg bei Neustadt an der Weinstraße fand 1832 das »Hambacher Fest« statt, die erste Massenkundgebung für ein einiges und freies Deutschland.

In 1832, the »Hambacher Fest«, the first mass rally in favour of a united and free Germany, took place in Castle Maxburg, near Neustadt.

En 1832 eut lieu à la Maxburg, près de Neustadt, la fête de Hambach, la premier rassemblement pour une Allemagne libre et unie.

Die Frankfurter Paulskirche, von 1848 bis 1849 Tagungsort der Nationalversammlung.

From 1848 to 1849 the National Assembly met in St. Paul's Church in Frankfurt.

L'église Saint-Paul à Francfort où se tint en 1848-1849 la première assemblée nationale.

Berlin: der einstige »Palast der Republik« mit dem Marx-Engels-Monument im Vordergrund.

Berlin – the former »Palace of the Republic« with the Marx-Engels Monument in the foreground.

Berlin : l'ancien « Palais de la République » et le monument Marx-Engels au premier plan.

Das Bonner Abgeordnetenhaus, im Volksmund liebevoll-spöttisch »Langer Eugen« genannt.

The Bonn office building of the members of parliament, nicknamed »Long Eugen«.

La maison des députés à Bonn, surnommée familièrement « Langer Eugen ».

R SIND UNSCHULDIG

Das Brandenburger Tor mit der berühmten Quadriga, durch seine Lage an der Berliner Mauer bis 1989 Symbol der deutschen Teilung.

Due to its location at the Berlin Wall the Brandenburg Gate with the famous quadriga was a symbol of the division of Germany up to 1989.

La Porte de Brandebourg avec le quadrige ; prise dans le mur de Berlin, elle symbolisait jusqu'en 1989 la séparation entre les deux Allemagne.

Gegen das Vergessen
Mahnmale gegen Krieg und Gewalt

Nur, was nicht aufhört, weh zu tun, bleibt im Gedächtnis« – mit diesem Satz von Friedrich Nietzsche kann man vielleicht die Notwendigkeit und die Bedeutung von Mahnmalen am besten umreißen. Wir dürfen Haß, Unrecht und Zerstörung nicht einfach vergessen, müssen sie, einmal geschehen, vielmehr weiterspüren, als würden sie uns am eigenen Leibe zugefügt. Doch selbst dann – wer wollte garantieren, daß wir in Zukunft den verbrecherischen Unrechtstaten Einhalt gebieten oder auch nur die zerstörerischen Impulse in uns selbst beherrschen könnten? Und welcher Mensch könnte schon Mahnmale des permanenten Entsetzens ertragen? Weder ist der einzelne ein moralischer Held, noch darf er zum Sündenbock gestempelt werden, anderen zur Entlastung. Der Überlebende, auch wenn er versteht und vergibt, ist niemals nur Opfer oder Triumphator.
Das moralische Dilemma, das jeden Überlebenden von Greueltaten, und sei er auch nur als Zeuge dabeigewesen, in tiefe Sprach- und Ratlosigkeit stürzt, stellt sich dem Schöpfer von Mahnmalen in verschärfter Weise als gestalterisches Problem. Denn welche künstlerische Form kann er dem Schrecken und dem Entsetzen geben? Deshalb sind vielleicht die konservierten Ruinen die überzeugendsten Mahnmale.

Only what never stops hurting is not forgotten« – with this sentence by Friedrich Nietzsche we can perhaps best characterize the necessity and the importance of memorials. We are not allowed simply to forget hatred, injustice and destruction, but, once they have occurred, we must keep their memory alive as if they had happened to us and not someone else. But even then – who can guarantee that we shall in future prevent criminal acts of injustice or even control the destructive impulses inherent in man? And who can bear the sight of memorials of never-ending horror? The individual is neither a moral hero, nor may he be made a scapegoat to take the blame from another. The survivor, even if he understands and forgives, is never solely either victim or victor.
The moral dilemma which reduces every survivor of atrocities to utter speechlessness and helplessness confronts the creator of memorials in an especially acute fashion, namely as a problem of design. What artistic form can possibly be given to terror and horror. Perhaps the preserved ruins are the most convincing memorials.

Seul reste en mémoire ce qui ne cesse de faire mal» – sans doute ces mots de Friedrich Nietzsche nous aident-ils à mieux saisir la nécessité et le sens des monuments commémoratifs. Nous n'avons pas le droit d'oublier la haine, l'injustice et la destruction, nous devons continuer à les sentir en nous comme des malheurs infligés à notre propre chair. Car qui peut nous garantir que nous sommes désormais capables de refuser un Etat illégitime et criminel, ou de dominer nos propres impulsions destructrices? Et quel être humain pourrait supporter les mémoriaux de l'horreur permanente? Aucun de nous ne peut ni se prendre pour un héros de la morale, ni passer pour le bouc émissaire des autres. Le survivant, même s'il comprend ou pardonne, n'est jamais uniquement victime ou triomphateur.

Wahrzeichen Berlins ist die im Zweiten Weltkrieg teilweise zerstörte Kaiser-Wilhelm-Gedächtniskirche mit dem Neubau von Eiermann (1962).

The Emperor Wilhelm Memorial Church, which was partly destroyed in World War II, with the addition by Eiermann (1962), is a symbol of Berlin.

L'emblème de Berlin : la Gedächtniskirche en partie détruite pendant la Seconde Guerre mondiale et le nouvel édifice de Eiermann (1962).

Konzentrationslager Buchenwald bei Weimar. Teil des Mahnmals mit Glockenturm und Figuren aus Bronze von Fritz Cremer.

Buchenwald Concentration Camp. Part of the memorial with bell tower and group of figures by Fritz Cremer.

Le camp de concentration de Buchenwald, près de Weimar, avec un mémorial conçu par Fritz Cremer.

Gedenkstätte Plötzensee, Berlin. Hier wurden die Widerstandskämpfer nach dem gescheiterten Attentat auf Hitler am 20. Juli 1944 hingerichtet.

Plötzensee Memorial in Berlin. Here the resistance fighters were executed after their assassination attempt on Hitler on 20 July 1944.

Berlin, mémorial de Plötzensee, où furent exécutés les auteurs de l'attentat contre Hitler le 20 juillet 1944.

MCMXLV

Frauenkirche in Dresden. Die Ruine hat man zur Erinnerung an die Opfer des verheerenden Luftangriffs im Februar 1945 erhalten.

The Church of Our Lady in Dresden. The ruin was preserved in remembrance of the victims of the devastating air raid in February 1945.

L'église Notre-Dame à Dresde. Les ruines ont été conservées à la mémoire des victimes des bombardements aériens de février 1945.

Denkmal der Begegnung in Torgau. Hier trafen im April 1945 erstmals Soldaten der Roten Armee und der US-amerikanischen Streitkräfte aufeinander.

Monument of Meeting in Torgau. In April 1945 soldiers from the Red Army and the U.S. forces met here for the first time.

Monument à Torgau où pour la première fois en avril 1945 se rencontrèrent soldats russes et soldats américains.

1990 hatte die Berliner Mauer ihren Schrecken verloren: der Bruderkuß von Breschnew und Honecker als ironische Reminiszens, gemalt von Dmitri Vrobl, Moskau.

In 1990 the Berlin Wall had lost its terror – the brotherly kiss between Brezhnev and Honecker as an ironic reminiscence, painted by Dmitri Vrobl, Moscow.

En 1990, l'image effrayante du Mur de Berlin appartient désormais au passé : la peinture du Moscovite Dimitrti Vrobl en constitue un souvenir ironique.

Reste der Berliner Mauer. Der einstige »antifaschistische Schutzwall« wurde inzwischen teils verschrottet, teils als Souvenir verkauft.

Remains of the Berlin Wall. The former »antifascist protection barrier« has by now been partly scrapped and partly sold as souvenirs.

Les restes du Mur de Berlin. Jadis érigé pour « protéger du fascisme », il est aujourd'hui entièrement démoli.

ГОСПОДИ! ПОМОГИ МНЕ
DIE WAND MUSS WEICHEN, WENN DER METEORIT DER LIEBE UND FREIHEIT KOMMT.
1.7.90
СРЕДИ ЭТОЙ
MEIN GOTT, HILF MIR, DIESE TÖDLICHE LIEBE ZU

Messen, Märkte und Moneten
Symbole des Handels und der wirtschaftlichen Macht

Wir vergessen heute leicht, daß die Zentren des Handels und der Wirtschaft sich nicht erst im Zeitalter der Industrialisierung herausgebildet haben. Der bekannte Satz »Stadtluft macht frei« bringt ja nicht nur einen abstrakten Rechtsanspruch zum Ausdruck, sondern vor allem das handfeste Bestreben der Bürger, von den Früchten ihrer Arbeit auch selbst profitieren zu können. Um die Jahrtausendwende entstanden zahlreiche Marktorte auf dem Grund und Boden der Feudalherrn und an den für den Handel günstigsten Stellen des Landes, das allmählich mit einem Netz von Verkehrswegen überzogen wurde. An kirchlichen Feiertagen strömte eine große Menschenmenge zu den dort abgehaltenen Jahrmärkten. Diese »Messen« erlangten vor allem für die Kaufleute eine starke Anziehungskraft. Ihr Berufsstand hatte so neben dem der Handwerker für die Herausbildung der Städte eine besondere Bedeutung. Seit der Mitte des 11. Jahrhunderts setzten sich die Bewohner zunehmend gegen die Bevormundungen und Forderungen der Stadtherren zur Wehr, wobei ihre stärkste Waffe unzweifelhaft das Geld war. Die wachsende Unabhängigkeit der Städte zeigt sich schließlich in der Schaffung eigener Rechtsnormen und spiegelt sich in den Symbolen bürgerlichen Städtebaus.

Nowadays it is easy to forget that the development of centres of trade and industry began before the age of industrialisation. The well-known German sentence »Stadtluft macht frei« (»town air gives freedom«) expresses not only an abstract legal right, but most of all the tangible endeavour of the citizens to be able to profit from the fruits of their labour themselves.
Around the millennium, numerous market settlements sprang up on the land of the feudal lords, in locations most suited for trading in a country which was gradually being covered by a net of traffic routes. On feast days crowds of people travelled to the fairs that were held there. These fairs were particularly attractive to merchants. Thus, their profession – in addition to that of the craftsmen – was of especial importance for the development of the towns. From the middle of the 11th century on, the citizens increasingly opposed the demands of the town rulers, and money was undoubtedly their strongest weapon. The growing independence of the towns finally shows itself in the creation of their own legal norms and is reflected in the symbols of civic town planning.

Nos contemporains oublient facilement que les centres du commerce et de l'économie se sont formés avant l'ère de l'industrialisation. Dire que «l'air de la ville rend libre» ne revient pas seulement à revendiquer un droit abstrait; cela traduit surtout la détermination des citoyens, désireux de profiter eux-mêmes des fruits de leur travail.
Vers l'an 1000, on assista à la création de nombreux marchés sur les terres des seigneurs féodaux, en des lieux propices au commerce. Le pays se couvrit peu à peu d'un réseau de voies de communication. Les jours de fête religieuse, l'affluence était grande sur les marchés annuels. Pour les commerçants surtout, ces foires constituaient un important centre d'attraction. Le rôle de leur corporation et celui des artisans fut capital dans la formation des villes.

Messetor in Leipzig. Im Auf und Ab der Jahrhunderte war Leipzig seit jeher einer der wichtigsten Messestandorte Deutschlands.

Leipzig Fair Gate. Over the centuries Leipzig has always been one of the most important trade fair locations in Germany.

L'entrée de la Foire de Leipzig, l'des plus importantes d'Allemagne depuis plusieurs siècles.

Wahrzeichen Lübecks ist das Holstentor, nach dem Vorbild flandrischer Brückentore 1478 vollendet.

The Holsten Gate, completed in 1478 in imitation of Flemisch bridge gates, is the symbol of Lübeck.

L'emblème de Lübeck, le Holstentor, réplique des portes fortifiées de Flandre (1478).

An die Blüte Augsburgs in der Zeit der Fugger und Welser erinnert das Rathaus von Elias Holl (1615 bis 1620).

Augsburg's Town Hall by Elias Holl (1615 to 1620) recalls the splendour of the time of the Fuggers and the Welsers.

L'hôtel de ville d'Augsburg construit par Elias Holl de 1615 à 1620 rappelle la grande époque des Fugger et des Welser.

Das Freiburger Kaufhaus aus dem 16. Jahrhundert, schönstes profanes Gebäude am Münsterplatz.

The 16th century »Kaufhaus« is the loveliest secular building on Cathedral Square in Freiburg.

Fribourg, le Kaufhaus du XVIe siècle, un des plus beaux édifices profanes du Münsterplatz.

Die Münsteraner Bürger nennen den Prinzipalmarkt mit seinen Giebelhäusern ihre »gute Stube«.

The citizens of Münster call the Prinzipalmarkt with its gabled houses their »best parlour«.

Le Prinzipalmarkt de Münster avec ses jolies maisons à pignon.

Berlin: das Internationale Congreß Centrum (ICC) aus den siebziger Jahren mit der 1921 eingeweihten Avus, dem Prototyp der Autobahnen.

Berlin – International Congress Centre (ICC) from the seventies with the »Avus«, the prototype of motorways, opened in 1921.

Berlin, le centre international des congrès (ICC) construit dans les années 70 et l'autoroute Avus datant de 1921.

Der Hamburger Hafen, durch den allein ein Drittel des gesamten deutschen Seehandels bewegt wird.

The Hamburg port, where a third of all German sea trading takes place.

Le port de Hambourg qui assure à lui seul un tiers du commerce maritime allemand.

Die imposante Skyline des Banken- und Finanzzentrums Frankfurt am Main.

The impressive skyline of the banking and finance centre Frankfurt/Main.

Francfort-sur-le-Main et ses nombreux gratte-ciel.

Als kleeblattförmiger Turm (»Vier-Zylinder«) präsentiert sich das von Karl Schwanzer entworfene BMW-Verwaltungsgebäude in München.

The tower of the BMW headquarters in Munich, designed by Karl Schwanzer in the shape of a four-leaved clover.

Munich, les « Quatre cylindres » de la tour administrative BMW conçue par Karl Schwanzer.

COMMERZBANK

Zurück in die Zukunft
Monumente aus modernen Zeiten

Denkmalsetzungen in unserer Zeit sind schwierig geworden, sind meist »Steine des Anstoßes« im wahrsten Sinne des Wortes. Das liegt zunächst daran, daß sich die bildende Kunst in diesem Jahrhundert immer weiter wegbewegt hat von allgemeiner Verständlichkeit. Überdies wird es in der zunehmend multikulturellen Gesellschaft immer schwieriger, sich auf die Denkmalwürdigkeit bestimmter Personen oder Ereignisse zu einigen. Auf kommunalpolitischer Ebene schlägt sich diese Problematik in endlosen Politikerdebatten, in heftigen Ausbrüchen des Bürgerzornes z. B. in Leserbriefen und in vielen faulen Kompromissen nieder.

Da ist es schon einfacher, vieles, was sonst verschwinden würde, zu erhalten, indem man es zum Denkmal erklärt, selbst wenn es den »niederen« Sphären von Technik und Industrie entstammen sollte. Seit wir innerhalb ein- und derselben Generation beobachten können, wie vielgepriesene Wunderwerke der Technik zu Ruinen des Fortschritts verkommen, äußern sich viele Menschen besorgt über die wachsende Geschwindigkeit dieses Prozesses. Andererseits ermöglicht diese Entwicklung aber auch den Blick auf die ästhetischen und emotionalen Qualitäten solcher monumentaler Fossilien aus modernen Zeiten.

In our time erecting monuments has become difficult, such actions frequently being a »stone« of contention. One reason is that the fine arts have become less and less generally comprehensible in our century. Furthermore, it is becoming increasingly problematical in our multicultural society to come to an agreement on whether certain people or events merit a monument. On the level of local politics this issue results in endless political debate, vehement expression of public anger and many a dubious compromise.

By contrast, it is easier to preserve much that would otherwise disappear by declaring it a monument, even if it belongs to the »lower« spheres of technology and industry. Now that we have been able to witness within a single generation how much-praised technical marvels have turned into ruins of progress, many people have expressed their anxiety over the increasing speed of this process. On the other hand, this development lets us see the aesthetic and emotional qualities of such monumental fossils of modern times.

La construction de monuments n'est pas chose aisée à notre époque, elle est même souvent l'objet d'un scandale. Pour la raison d'abord que les arts plastiques se sont de moins en moins souciés d'être compris par tous. En outre, dans une société toujours plus multiculturelle, il est difficile de décider quelle personne, quel événement peut prétendre à l'élévation d'un monument. Débats des hommes politiques, colère des citoyens et compromis paresseux, tels sont au niveau communal les répercussions de cette problématique.

Il est plus simple alors de conserver des choses, promues sinon à une disparition certaine, en leur donnant le statut de monument, même si elles sont issues de sphères «inférieures» de la technique et de l'industrie. En l'espace d'une génération, de merveilleux produits de la technique deviennent obsolètes, véritables ruines du progrès.

Frankfurt, Messeturm: mit 256,5 m höchstes Bürogebäude Europas.

Frankfurt, Messe Tower – the highest office building in Europe (256.5 m).

Francfort, « Messeturm », plus haut gratte-ciel d'Europe (256,5 m).

Das Münchner Olympiagelände mit seiner futuristisch anmutenden Zeltdachkonstruktion aus Acrylglas.

The Olympic stadium in Munich, with its futuristic tent roof construction made of acrylic.

Le complexe olympique munichois avec ses constructions en forme de tentes.

Berlin, Olympiastadion: anläßlich der Olympischen Spiele 1936 von W. March im Auftrag der Nationalsozialisten entworfen.

The Olympic stadium in Berlin, which the National Socialists had W. March design for the Olympic Games of 1936.

Berlin, le stade olympique construit à la demande des nazis pour les jeux Olympiques de 1936.

Hanns-Braun-Br

Seit 1991 wieder in Betrieb, überwindet die älteste Bergschwebebahn der Welt in Dresden einen Höhenunterschied von 84 m.

In use again since 1991, Dresden's hill suspension railway, the oldest in the world, climbs 84 metres.

Dresde, le plus vieux train suspendu du monde parcourt à nouveau ses 84 m depuis 1991.

Autobahnkreuz Duisburg-Kaiserberg.

Motorway junction Duisburg-Kaiserberg.

Echangeur routier Duisbourg-Kaiserberg

Obere Einfahrt des Schiffshebewerks Niederfinow, das die 36 m Höhenunterschied zwischen Oder und Oder-Havel-Kanal überwinden hilft.

Upper entrance to the Niederfinow ship canal lift, which helps overcome the 36m difference in height between the Oder and the Oder-Havel Canal.

Accès supérieur de l'ascenseur à bâteaux qui permet de franchir les 36 m de différence de niveau entre l'Oder et le canal Oder-Havel.

Berlin, 365 m hoher Fernsehturm am Alexanderplatz, seinerzeit vom Volksmund »St. Ulbricht« getauft.

Berlin – 365m high television tower on Alexander Square, dubbed »St. Ulbricht« by the Berliners.

Berlin, sur Alexanderplatz, la tour de télévision (365 m), baptisée « St Ulbricht » par les habitants.

Betreten auf
eigene Gefahr
WIR SIND EIN VOLK!

Chemnitz – Karl Marx ragt 12,40 m empor. Auf der Wand dahinter ist der Schlußsatz des Kommunistischen Manifests in Aluminium gegossen.

Chemnitz – Karl Marx rises to a height of 12.4 m. Cast in aluminium on the wall behind is the last sentence of the Communist Manifesto.

Chemnitz et un Karl Marx de 12,40 m de haut. Sur une des faces est fondue en aluminium la dernière phrase du Manifeste du parti communiste.

Auch ein deutsches Denkmal: Wiedervereinigung mit Trabi und Mercedes-Benz, gesehen 1990 in Berlin.

Also a German monument – »reunification« of Trabi and Mercedes-Benz, seen in Berlin in 1990.

Une autre forme de monument à l'unification allemande : Trabi et Mercedes-Benz, vu à Berlin en 1990.

Stillgelegter »Schneller Brüter« in Kalkar.

The fast-breeder reactor in Kalkar, now closed down.

Kalkar, centrale nucléaire hors d'usage.

Versuchsanlage »Transrapid« im Emsland.

Test track of the »Transrapid« in the Emsland.

Emsland, ligne d'essai pour le « Transrapid ».

Von Kunst und Geist
Auf den Spuren der Dichter und Denker, Künstler und Komponisten

Als Volk der Dichter und Denker sehen sich die Deutschen allzu gern und übersehen dabei großzügig, daß diese Charakterisierung die nicht minder herausragenden Leistungen in den anderen Künsten unterschlägt. Bei vielen jedoch ist es mit der Großzügigkeit spätestens dann vorbei, wenn es um die Kosten geht, die die Pflege dieses so beachtlichen kulturellen Erbes nun einmal verursacht.
Da hört man meist die bekannten Klagen über die zeitgenössische bildende Kunst, die unverständlich sei. Sie wird häufig als Dorn im Auge empfunden. Andererseits dürfe man es auch nicht übertreiben mit dem Traditionsbewußtsein... Denkmalpflege könne auch zum zweifelhaften Luxus werden. Die Oper beispielsweise sei eine Sache für wenige Eingeweihte, dabei aber unverhältnismäßig aufwendig. Ebenso zögen Bibliotheken und Museen vor allem weltfremde, versponnene Existenzen an. Deshalb müsse man auch mit der Förderung der Wissenschaft äußerst vorsichtig sein, solange man sich der Verwertbarkeit ihrer Ergebnisse nicht sicher sein könne. Gekrönt wird diese Rede nicht selten mit der Bemerkung, die Erfahrung habe doch gezeigt, daß Kunst und Geist vor allem dort gediehen, wo sie am Hungertuch nagten.

The Germans like to see themselves as a nation of poets and thinkers and thereby generously overlook the fact that this expression excludes the no less excellent achievements in the other arts. The generosity of many, however, ends when it comes to the costs that the maintaining of such a remarkable cultural heritage necessarily incurs.
Complaints about the allegedly incomprehensible contemporary art are frequently heard; many consider it a thorn in the flesh. Others, however, argue that it is not wise to over-emphasize tradition ... the preservation of historical monuments might become a debatable luxury. Opera, for example, is thought by some to be a pastime for only a few aficionados, while causing disproportionately high costs. In the same vein is the opinion that libraries and museums mainly attract unworldly dreamers and that one should therefore be extremely careful about supporting research, unless it is absolutely certain that the results will be of practical use. Such talk is often topped with the remark that experience has shown that art and intellect have tended to flourish particularly well in poverty.

Les Allemands se considèrent volontiers comme la nation des poètes et des chanteurs et en oublient qu'à se définir ainsi ils relèguent au second plan leurs réalisations, non moins remarquables, dans d'autres domaines artistiques. Beaucoup d'entre eux sont moins généreux dès lors qu'il s'agit de financer l'entretien de ce considérable héritage culturel.
Les traditionnelles critiques sur l'art contemporain, réputé incompréhensible, vont bon train. D'un autre côté, certains prétendent qu'il ne faut pas pousser trop loin la conscience des traditions... Quant à l'aide à la recherche, il faudrait être extrêmement prudent et s'assurer de l'utilité pratique des résultats obtenus. Il n'est pas rare que ce genre de discours soit couronné par quelque remarque sur l'art et l'esprit, dont l'expérience a montré qu'ils furent florissants là où ils tiraient le diable par la queue.

Bachdenkmal vor der Thomaskirche in Leipzig, wo der Komponist ab 1723 als Kantor wirkte.

Statue of Bach in front of the Church of St. Thomas in Leipzig, where he was director of music from 1723.

Statue de Bach devant l'église Saint-Thomas à Leipzig où le compositeur oeuvra à partir de 1723.

Schillerdenkmal auf dem Gendarmenmarkt in Berlin, 1868 vollendet, 1871 vor den Augen des Kaisers enthüllt.

Schiller Monument on the Gendarmenmarkt in Berlin, completed in 1868, and unveiled before the Emperor in 1871.

Statue de Schiller, achevée en 1868 et inaugurée en 1871 par l'empereur, sur le Gendarmenmarkt à Berlin.

Die Semperoper in Dresden, Prunkstück der Wiederaufbauarbeiten in der DDR, 1985 feierlich wiedereröffnet.

The Semper opera in Dresden, showpiece of the reconstruction in the GDR, and ceremoniously re-opened in 1985.

L'opéra Semper à Dresde, fleuron des travaux de reconstruction en RDA, inauguré en 1985.

An der 1666 gegründeten Wolfenbütteler Bibliothek waren Leibniz und Lessing tätig.

Both Leibniz and Lessing worked at the Wolfenbüttel Library, founded in 1666.

Fondée en 1666, la bibliothèque de Wolfenbüttel où travaillèrent Leibniz et Lessing.

Typisch für den sachlichen Stil des »Bauhauses« ist das Treppenhaus der 1925 nach Dessau verlegten Schule.

This functional staircase is typical of the »Bauhaus«, the Weimar School of Art which moved to Dessau in 1925.

Dessau, escalier de l'école représentatif du style fonctionnel du « Bauhaus » (1925).

Darmstädter Mathildenhöhe mit dem 48 m hohen Hochzeitsturm, 1899 als Künstlerkolonie des Jugendstils ins Leben gerufen.

The Darmstadt Mathildenhöhe with the 48m high »Wedding Tower«, founded in 1899 as an art nouveau artists' colony.

Colonie d'artistes du Jugendstil en 1899, la Mathildenhöhe à Darmstadt avec la tour des Mariés (48 m).

Der Einsteinturm in Potsdam. Das plastisch durchgebildete Gebäude von Mendelsohn (1920 bis 1921) ist eines der wenigen expressionistischen Bauwerke in Deutschland.

The Einstein Tower in Potsdam. This sculpted tower by Mendelsohn (1920 to 1921) is one of the few expressionistic buildings in Germany.

La tour Einstein à Potsdam. Cet édifice conçu par Mendelssohn en 1920-1921 est l'un des rares bâtiments expressionnistes en Allemagne.

»Die Spitzhacke«, Skulptur des Pop-Artisten Claes Oldenburg auf dem Gelände der Documenta in Kassel.

»The pick-axe«, sculpture by the pop-artist Claes Oldenburg on the grounds of the »documenta« in Kassel.

« La pioche », sculpture pop-art de Claes Oldenburg sur le terrain de la documenta à Cassel.

»Die Wut«, Plastik des Bildhauers B. Hoetger, in der Künstlerkolonie Worpswede.

»Anger«, sculpture by B. Hoetger, in the artists' colony Worpswede.

« La colère », sculpture de B. Hoetger dans la colonie d'artistes de Worpswede.

Heimat der Deutschen? Kulissen der Sehnsucht, Bühnen der Gemütlichkeit

Über Geschmack könne man nicht streiten, heißt es. Und das ist sicherlich gut so, denn wie wäre der Widerspruch sonst auszuhalten, daß dem einen Seligkeit ist, was den anderen mit Abscheu erfüllt? Der Begriff der »Gemütlichkeit« ist in anderen Sprachen nur sehr schwer wiederzugeben. Wir drücken mit ihm ein Gefühl zwischen Vertrautheit, Zugehörigkeit und Heimat aus. Die Bilder und Vorstellungen, die jeder einzelne damit verbindet, sind – so unterschiedlich sie auch immer sein mögen – allesamt leicht zu belächeln, da sie dem Reich der Sehnsucht entstammen. Und wer wollte es wagen, hier eine Grenze zu ziehen zwischen Schönheit und Kitsch?

Der Zustand der »Gemütlichkeit« ist nicht nur schwer zu definieren, wir erreichen ihn leider auch höchst selten im Leben. Und wir wissen alle nur zu gut, daß unsere »Heimat« immer weniger so aussieht wie in Filmen des gleichnamigen Genres. Doch in unserer Sehnsucht soll sie sich nur von ihrer schönsten Seite präsentieren... Ist das Realitätsflucht in ein Paradies aus Phantasie oder aber eine Form der Liebe, die, sehr wohl wissend um die Schönheitsfehler und Blessuren des geliebten Wesens, ebenso großzügig darüber hinwegsehen kann?

It is said that one cannot quarrel about good taste. And this is certainly a good thing because how else could one bear the contradiction that bliss for one person is what another abhors? It is very difficult to translate the German expression »Gemütlichkeit« into other languages; the Germans use it to express a mixture of familiarity, a sense of belonging and feeling at home. One can smile at all the many different images and ideas which are associated with »Gemütlichkeit«, as they all belong to the realm of yearning. And who would dare to draw a line here between beauty and kitsch?

Not only is the state of »Gemütlichkeit« hard to define, we unfortunately also attain it only extremely seldom in life. And we all know all too well that our »Heimat«, our home-land, resembles the genre of »Heimat« films less and less. Yet we yearn for it to present itself to us only in its loveliest aspects... Is this a flight from reality into an imaginary paradise? Or rather a form of love which, though knowing full well the blemishes and wounds of the beloved one, can equally generously overlook them.

On dit que le goût ne se discute pas. Et c'est certainement bien ainsi, car comment sinon admettre que ce qui comble l'un soit objet de répulsion pour l'autre ? La notion allemande de «Gemütlichkeit» est très difficile à rendre dans d'autres langues. Elle exprime un sentiment d'appartenance, d'intimité, d'attachement à un lieu, à des individus. Les images – aussi diverses soient-elles – qu'évoquent en chacun de nous ce sentiment peuvent toutes faire sourire, car elles sont de l'ordre de la nostalgie et du désir. Qui se risquerait à tracer une limite entre la beauté et le kitsch ?

La «Gemütlichkeit» est une sensation difficile à définir, rare aussi, malheureusement. Nous savons tous très bien que notre «Heimat», notre pays, ressemble de moins en moins à l'image que nous en donnent un certain genre de films, de comédies populaires.

Eine Kulisse wie aus dem Bilderbuch: der Königssee mit der Wallfahrtskirche St. Bartholomä vor der Ostwand des Watzmanns.

A fairy-tale scenery: Lake Königssee with the pilgrimage church of St. Bartholomew before the east face of the Watzmann.

Un décor de conte de fée : le Königssee avec la chapelle St-Bartholomä au pied du Watzmann.

Gipfelkreuz auf der 2963 m hohen Zugspitze.

Cross on the 2,963m high summit of the Zugspitze.

Croix au sommet de la Zugspitze (2963 m).

Die »Lange Anna« vor Helgoland.

»Long Anna« on the island Helgoland.

Helgoland, la « Lange Anna ».

Die Externsteine im Teutoburger Wald – ihr Ursprung liegt bis heute im Dunkeln.

The Extern Stones in the Teutoburger Forest – their origin is still unknown.

Les Externsteine, d'origine incertaine, dans la forêt du Teutoburg.

Der sagenumwobene Loreley-Felsen, der 132 m hoch über den Rhein bei St. Goarshausen aufragt.

The legendary Loreley rock, which towers 132 m above the Rhine near St. Goarshausen.

Le légendaire rocher de la Loreley (132 m) surplombant le Rhin près de St. Goarshausen.

Mehrer
HOTEL
SALAMBO
TABU
Safari
Bar
HOTEL
LUXOR
AUF DER FREIHEIT
Spiele

Hamburg, Große Freiheit.

Hamburg, Große Freiheit.

Hambourg, Große Freiheit.

München, Oktoberfest.

Munich, Oktoberfest.

Munich, la Fête de la Bière.

Vogtsbauernhof, Freilichtmuseum mit historischen Schwarzwälder Bauernhöfen bei Hausach.

Vogtsbauernhof, an open-air museum of historical Black Forest farms near Hausach.

Musée en plein air avec fermes traditionnelles de la Forêt Noire près de Hausach.

Wo sich der Blick in der Ferne verliert – Leuchtturm im Wattenmeer bei Westerhever.

Where the eye roams over the horizon – lighthouse in the mudflats near Westerhever.

Vue sur l'horizon - un phare dans la région de Westerhever.

Irgendwo und überall in Deutschland: Gartenzwerge, die Monumente des kleinen Mannes.

Anywhere and everywhere in Germany – garden gnomes as »mini-monuments«.

Un peu partout en Allemagne : les Nains, monuments à la gloire du petit homme.